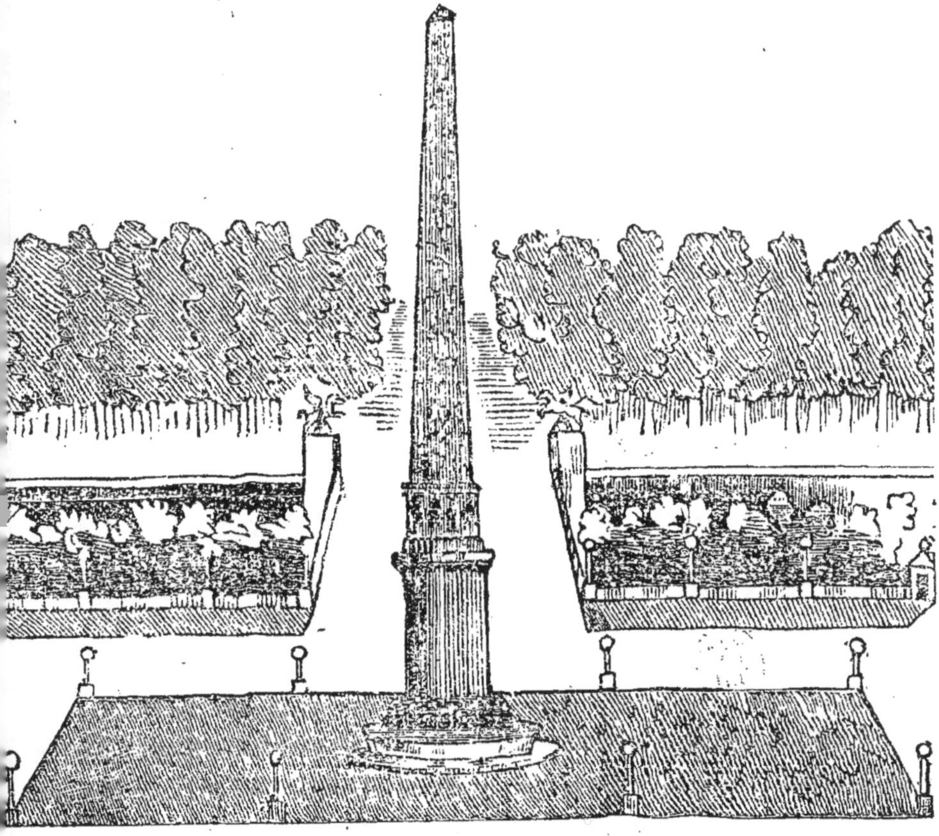

HISTOIRE VÉRITABLE

DE

L'OBÉLISQUE

DE LUXOR.

HISTOIRE VÉRITABLE

DE

L'OBÉLISQUE

DE LUXOR,

DEPUIS SA NAISSANCE JUSQU'A CE JOUR,

PUBLIÉE PAR UN EGYPTIEN.

———❖———

ALMANACH CURIEUX

POUR LA PRÉSENTE ANNÉE.

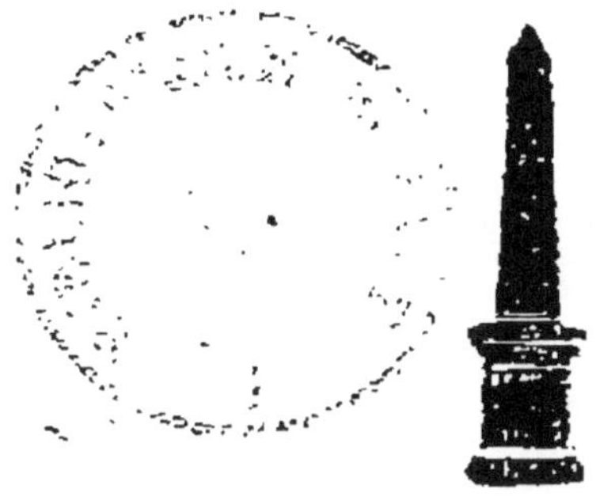

Paris,

CHASSAIGNON, IMPRIMEUR-LIBR.,
RUE GIT-LE-CŒUR, 7.

1857.

IMPRIMERIE DE CHASSAIGNON,
rue Gît-le-Cœur, n° 7.

HISTOIRE VÉRITABLE

DE

L'OBÉLISQUE DE LUXOR.

Depuis le moment qu'il a été mention de ce monument gigantesque, placé aujourd'hui sur sa base, et qui doit dorénavant faire l'admiration des curieux, depuis le moment, disons-nous, où le vice-roi d'Egypte, Méhémet-Ali, en fit don au roi des Français, que de commentaires ont été faits à ce sujet, que d'écrits ont été publiés pour la plupart invraisemblable ! qu'avons-nous à dire de tout cela? Que tout est pour le mieux en ce bas monde ; de quoi nous étonnons-nous? N'est-il pas de rigueur que dans ces grandes occasions chacun s'empresse de faire preuve d'esprit et d'érudition ; et puis .. cher lecteur, suivant un proverbe populaire, « l'habitude est une seconde nature. » Il semble que le droit de grossir les objets appartient exclusivement à l'espèce humaine. S'il fallait ici énumérer tous les mensonges grossiers et absurdes débités jusqu'à ce jour, des volumes entiers ne suffiraient pas; n'avons nous pas été élevés avec les aventures de ce malheureux Juif qui osa, peut-être imprudemment et non méchamment, repousser le divin sauveur, et qui pour ce motif fut condamné à une vie errante et vagabonde ? Que n'a-t-on pas dit sur les malet suivent toute sa longueur. On allume un feu vif, et on l'entretient jusqu'au moment où la gouttière est très-fortement échauffée ; alors à un signal convenu, une double rangée d'hommes et de femmes, tenant chacun un vase d'eau froide, balayent vivement les cendres, et versent le liquide sur la pierre ardente ; aussitôt le banc de granit éclate et se fend : par ce moyen, on détache des blocs de 80 pieds de longueur.

Les documens que nous traduisons ne s'expliquent pas positivement sur la manière dont notre héros fut exposé aux regards des curieux comme nous le voyons aujourd'hui ; nous ne devons pas nous épouvanter de cette lacune ; les arts étaient encore dans leur enfance et l'incomparable ingénieur français n'existait pas à cette époque, mais nos mémoires rendent compte de l'érection d'un obélisque transporté en Italie par l'ordre de Constantin, et placé devant l'église de Saint-Jean de Latran. Voici ce qui est dit des travaux qui eurent lieu pour l'élévation de ce monolythe. De grandes poutres de bois furent plantés perpendiculairement et portées jusqu'à une dangereuse élévation ; on eût dit une forêt de machines ; des cordes longues et fortes furent ajoutées à cet ouvrage, elles paraissaient comme un filet serré, voilant la voûte du ciel. La masse de pierre soulevée, comme une montagne, par ce réseau de câbles, monta graduellement en l'air, y resta suspendue, et après avoir pivoté sur son axe, fut enfin posée sur le socle qui l'attendait, par les efforts de plusieurs milliers d'hommes. En donnant ces détails, nous n'avons eu pour but que de faire connaître la différence du mécanisme de ces temps avec le nôtre.

Que ce soit de cette manière ou d'une autre que notre monument parisien ait été placé sur son trône de granit, peu importe; ce qu'il y a de sûr, c'est qu'il en a pris possession il y a trente-quatre siècles. Depuis ce temps que d'événemens se sont passés! notre héros fut tour à tour contemporain des Sésostris, des Ptolémées, des Césars; ce qu'il a vu défiler devant lui est incalculable: si un jour il lui prend envie de nous mettre au fait de toutes ces choses, nos bibliothèques seront considérablement augmentées.

Départ de l'Obélisque de l'Egypte, pour se rendre à Paris.

En 1831, le vice-roi d'Égypte, comme nous l'avons dit, Méhémet-Ali, fit don de ce monument au roi des Français; alors il a fallu aller l'enlever et le transporter dans la capitale du monde. Le soin de cette importante opération fut confié à M. Lebas, ingénieur, et à M. Verninac de Saint-Maur, lieutenant de vaisseau. On mit à leur disposition un bâtiment convenable surnommé *le Louqsor*, et monté par 120 hommes d'équipage.

C'est le 15 avril 1831 que *le Louqsor* partit de Toulon et fit voile pour l'Egypte. Il arriva le 3 mai à Alexandrie, d'où il fut remorqué jusqu'à Rosette par le brick le *d'Assas*. Du 17 juillet au 16 août il remonta le Nil, et vint s'échouer à 5 mètres des basses eaux et à 400 des obélisques.

Sous un ciel brûlant, privé à peu près de toutes ressources et n'ayant d'apparaux que ceux qu'on avait emportés, M. Lebas avait à remuer des masses qui ne pèsent pas moins de 250 tonneaux, c'est-à-dire 250,000 kilogrammes ou 500,000 livres.

Dès ce moment les travaux furent poussés avec activité. Avant la fin de septembre l'obélisque choisi avait été revêtu de la chemise de madriers et de planches dont nous le voyons encore entouré. Par là on avait voulu préserver le poli de ses faces et les arrêtes de ses sculptures. Le mois d'octobre fut employé à dresser l'appareil d'abattage à l'aide duquel on voulait lui donner une position horizontale, afin de pouvoir le traîner et l'embarquer. Tout avait été si bien prévu qu'il suffit de vingt-cinq minutes pour le renverser sur le sol et de deux heures pour le placer à bord du bâtiment. Ce fut le 19 décembre que cette dernière opération eut lieu, après qu'on fut parvenu, non sans peine, à lui faire parcourir les 400 mètres de distance qui le séparaient de son gisement au navire *le Louqsor.*

Sept mois s'écoulèrent ensuite avant que la crue du Nil vînt remettre à flot le bâtiment. Le 19 août 1832, *le Louqsor* se mit en mouvement pour descendre le fleuve, dont il ne put franchir la barre que le 1ᵉʳ janvier 1833. Le bateau à vapeur *le Sphinx* vint à son aide. Il le remorqua jusqu'à Toulon, où ils mouillèrent le 10 mai, puis à Cherbourg, où ils arrivèrent dans les premiers jours de septembre. Enfin *le Louqsor* était le 23 décembre sur la Seine, en face la Chambre des députés.

Une cale avait été préparée au bas de la rampe droite du pont de la Concorde ; c'est-là que vint se placer *le Louqor,* et aux eaux basses, c'est-à-dire en mai 1834, l'obélisque put être débarqué et traîné sur la rampe, au moyen d'un chemin en charpente que l'on pratiqua successivement sur les inégalités du terrain qu'il avait à traverser.

C'est seulement après l'arrivée de l'obélisque qu'on se décida sur le choix de l'emplacement qu'il devait occuper et sur la nature de la matière qu'on emploierait pour sa base. La place de la Concorde et le granit de Laber ayant eu la préférence, il s'écoula encore plus de deux années avant qu'on eût pu amener des côtes de Bretagne ici les cinq blocs de granit nécessaires à la construction de son piédestal. Ces blocs réunis pèsent à peu près autant que le monolithe, 240,000 kilogrammes ; le dé, qui a 5 mètres de haut sur 3 de large, pèse à lui seul 100,000 kilogrammes. C'est le navire *le Louqsor* qui fut employé au transport de ces masses, et l'on eut recours à M. Lebas pour présider à leur embarquement.

Pendant qu'on mettait la dernière main au piédestal, M. Lebas faisait élever un chemin de pente ou *viaduc*, depuis la naissance de la place de la Concorde, du côté du pont, jusqu'au centre de cette place, de manière à ce que le plan incliné se trouvât à quatre hauteurs précises de l'acrotère ou dernière assise du piédestal.

Pour l'amener à sa base, il a fallu lui faire subir divers mouvemens et changer plusieurs fois l'inclinaison du *ber* ou espèce de chariot qui le supporte. Ces différentes opérations, faites avec habileté, ont toutes parfaitement réussi. Ainsi, après avoir traîné le monument dans la direction du quai, on lui a fait faire un quart de conversion dans l'axe du pont ; ainsi, après l'avoir conduit sur un ber presque droit, on l'a placé sur un ber à angle aigu pour lui faire retrouver son niveau sur le chemin de pente.

Dans ces diverses manœuvres, on n'a fait usage que de quatre cabestans et de deux espèces de béliers qui frappaient à l'arrière du chariot de l'obélisque ; mais, pour le monter sur le *viaduc* et pour le dresser, on avait songé à l'emploi de la va-

peur comme force motrice. C'était une grande idée que celle d'associer ainsi une des
plus puissantes inventions des temps mo-
dernes à l'un des plus grands produits des
arts antiques ; mais il a fallu renoncer à ce
projet, la machine dont on a fait l'essai
pour imprimer quelques mouvemens à
l'obélisque sur le *viaduc* n'agissant ni avec
assez de force ni surtout avec assez de ré-
gularité.

Ce sont 120 hommes de l'artillerie qui,
répartis sur quatre cabestans, ont fait
avancer le monument sur son plan incliné;
ils n'ont employé que cinq heures pour
cette opération. L'obélisque est arrivé à
deux centimètres près du point où l'on
voulait l'amener, et à l'aide des deux béliers on lui a imprimé le dernier mouvement qu'il devait faire, ce qui a été effec-
tué avec une précision mathématique.

ÉRECTION DE L'OBÉLISQUE.

Avant de rendre compte des opérations
qui ont eu lieu pour l'élévation du monument sur son piédestal, nous devons ré-
parer une erreur que nous avons commise.
Il avait été décidé, dirons-nous, que l'é-
rection se ferait par la vapeur ; à cet effet,
la machine, de la force de quarante che-
vaux, placée sur un bâti énorme, en charpente, et sortie des ateliers de M. Cavé, a
été mise en action ; mais n'ayant nullement
répondu à ce qu'on en attendait, elle a été

remplacée par les cabestans, comme nous allons l'expliquer.

Le lundi 24 octobre, de midi à trois heures, la circulation des voitures a été interompue sur la place de la Concorde et dans les rues adjacentes ; une population immense s'était réunie sur cette place, aux Tuileries et aux Champs-Elysées, pour assister à l'essai des manœuvres, à l'aide desquelles on devait dresser l'obélisque sur sa base. M. l'ingénieur Lebas voyant le beau temps, avait proposé d'opérer l'élévation définitive, immédiatement et sans remise le jour même ; on en a référé au roi, qui a déclaré que le peuple de Paris, ayant été averti que cette opération n'aurait lieu que le lendemain mardi 25 au matin, ce serait le tromper, et je ne le veux pas, a dit S. M. M. Lebas ayant insisté et représenté que le temps était incertain, il craignait que s'il devenait mauvais, l'opération fut retardée, peut-être fort long-temps. L'on a adressé un nouveau message au roi qui a persisté dans sa première détermination, et a positivement refusé de donner une autorisation, dont l'effet aurait été de tromper et désappointer la population parisienne ; il a fallu, dès lors, se contenter des opérations préparatoires, et pour ainsi dire, de la répétition générale.

Ces opérations ont eu lieu devant une foule immense, accourue de tous les points de la capitale, et pressée, tant sur la place que sur les terrasses des Tuileries, dans les Champs-Elysées et sur le pont de la Chambre des Députés ; des ordres avaient été donnés pour ouvrir les grilles de la terrasse du bord de l'eau, ordinairement fermées au public à cette heure. Des piquets de troupes de ligne et de gardes municipaux étaient sous les armes ; des artilleurs, au nombre de trois cents, étaient aux dix cabestans qui avaient été montés.

Les opérations réussissaient complètement, lorsque, malheureusement, par suite de l'imprudence d'un ouvrier, une des poutres a manqué de base et est tombée. Dans sa chûte, elle a blessé trois personnes et en a tué une, un marchand d'habits, père de famille. La reine, dont la sollicitude pour les infortunés est inépuisable, a envoyé à la famille une somme de cinq cents francs pris sur sa cassette. Cet événement n'a point arrêté les opérations ; la poutre a été replacée, et toutes les précautions ont été prises pour que l'accident ne se renouvelât pas, ce qui est arrivé.

Le lendemain, mardi, à trois heures et demie, l'opération ou levage a été complétement terminé. Le monolithe s'est trouvé placé avec la plus grande précision, il est arrivé exactement sur l'emplacement qu'il devait occuper. Le temps d'arrêt qu'on a pu remarquer, a tenu à ce qu'on a été obligé de dégager le pied des bègues, afin qu'elles pussent se coucher plus facilement.

Une boîte en cèdre a été placée sous l'obélisque ; elle contient, suivant l'usage, des monnaies d'or et d'argent ayant cours, plus, deux médailles à l'effigie de Louis-Philippe, et portant cette inscription : « Sous le règne de Louis-Philippe 1ᵉʳ, roi des Français, M. Gasparin étant ministre de l'intérieur, l'obélisque de Luxor a été élevé sur son piédestal, le 25 octobre 1836, par les soins de M. Lebas, ingénieur de la Marine »

Un travail de l'importance de celui dont nous avons vu la fin heureuse, aura fait connaître sous un jour bien favorable notre marine française, que sa science rend recommandable entre toutes les marines du monde. M. Lebas a eu pour auxiliaires quinze matelots qui lui ont été d'un grand service, et que le public parisien a trouvés agiles, actifs et intelligens. Il a eu beaucoup à se louer aussi des ouvriers de Paris, des charpentiers qui ont dressé ces mâts et secondé à merveille toutes ses intentions. Cet habile ingénieur, après avoir reçu les félicitations de la famille royale qui a assisté à l'opération du redressement de l'obélisque, a été promu au grade d'officier de la Légion, et S. M. lui a fait remettre, à titre de récompense, une somme de trois mille francs.

Les ouvriers ont trouvé, entre la charpente et la pierre, un assez grand nombre de scorpions qui s'y étaient logés, et qui probablement y étaient nés. Cette décou-

verte a excité la curiosité de tous les as-
sistans. On sait que ces insectes ne vivent
que dans les pays chauds; on en trouve
quelques uns dans le midi de la France,
ils y sont pourtant redoutés; en Egypte,
ils sont fort nombreux, et leur morsure
est souvent mortelle, mais on n'avait ja-
mais vu de ces insectes dans le nord.

Enfin, chers lecteurs, permettez-nous
de terminer notre histoire, notre relation,
comme il vous plaira de nommer notre
almanach, en disant, sans crainte de dé-
roger à la vérité, que l'érection de l'obé-
lique est une des opérations importantes
que la mécanique a faites à Paris, celle
où le plus lourd fardeau a été amené le
plus facilement, avec l'appareil le plus
simple, et il faut ajouter à moins de frais.
La foule des étrangers qui assistaient à ce
spectacle a témoigné hautement son admiration par les moyens ingénieux qui
ont été employés. Le nom de M. Lebas,
prononcé dans toutes langues, autour de
la place Louis XV, sera répété dans l'Eu-
rope entière avec éloge, comme dans toutes les villes de France.

EXPLICATION DES HIÉROGLYPHES

OU SIGNES D'ÉCRITURE

Sculptés sur l'Obélisque.

(Côté de l'arc-de-triomphe de l'Étoile,)

Face Ouest.

Bas relief des offrandes. — Le dieu de

Thèbes, Amon-Ra, est assis sur son trône ; deux longues plumes ornent sa coiffure ; il tient dans la main droite son sceptre ordinaire, et dans la gauche la *croix ansée*, symbole de la vie divine. Devant lui, Rhamsès II est à genoux ; sa tête est ornée de la coiffure du dieu Phthah-Sokari, surmontée du globe ailé ; il fait au dieu Amon-Ra l'offrande de deux flacons de vin. Les cartouches, nom et prénoms de Rhamsès sont au-devant de son image, et les légendes d'Amon entre ces cartouches, et la coiffure du dieu. La courte inscription perpendiculaire à son sceptre est l'intitulé même du tableau : *Don de vin à Amon-Ra*.

Colonne médiane. Bannière : L'Aroéris puissant aimé de Tmé ou ami de la justice.

Inscription verticale : « Le seigneur de la région supérieure, le seigneur de la région inférieure, régulateur de l'Egypte, qui a châtié les contrées, Horus (dieu) resplandissant, soutien du siècle, le plus grand des vainqueurs, le roi (soleil gardien de la justice), modérateur des modérateurs... le fils du soleil, vivant à toujours. »

Face Est. — Côté des Tuileries.

Bas-relief des offrandes. — Sujet analogue à celui de la face ouest ; même offrande de vin. — La bannière exprime également les titres honorifiques du roi ; l'inscription contient aussi les louanges de Rhamsès II, les mêmes noms et prénoms, les titres de *dieu resplandissant, soutien des vigilans,* l'invocation à Amon, *seigneur des dieux*, et elle rappelle que le roi a décoré un sanctuaire consacré à une divinité, et qu'il a en même temps honoré les autres dieux du même temple.

Face Nord — Côté de la Madeleine.

Bas-relief des offrandes. — Le même roi fait la même offrande au dieu de Thèbes. Le vautour, emblême de la victoire, plane au-dessus de la tête du roi.

La colonne médiane de cette face est aussi de Rhamsès II. La bannière porte encore ses titres royaux ou religieux. Il en est de même de l'inscription qui lui donne les titres de *gardien, grand par ses victoires sur la terre entière, soleil visible,* etc.; l'inscription est terminée par le nom du roi et le vœu à *toujours.*

Face Ouest. — Côté de Neuilly.

Le bas-relief des offrandes appartient à Rhamsès II. *Colonne de gauche, Bannière.* — « L'Aroéris puissant, soutien des vigilans (ou surveillans). » — L'inscription rappelle la force et les victoires de Sésostris, et sa gloire dans la terre entière. Dans la *colonne de droite,* la bannière le qualifie de *chéri de Tmé* (la vérité, ou justice). L'inscription dit que le monde entier a tremblé par ses exploits; elle l'assimile au dieu Mandou dont elle le dit fils; et il est à remarquer que les mots égyptiens Si-Mouth rappellent le nom d'Osymandyas, que les anciens donnent à l'un des plus grands rois de l'Égypte.

Face Sud. — Côté du pont de la Concorde.

Cette face de l'obélisque, que Rhamsès II avait laissée vide, appartient tout entière à Rhamsès III.

Bas-relief des offrandes. — Sésostris, coiffé du pschent complet, symbole de son autorité sur la haute et sur la basse Egypte, et surmonté du globe ailé du soleil, fait au grand dieu Eponyme de Thèbes, Amon-Ra, l'offrande de deux vases. La colonne médiane ajoute aux louanges de Sésostris, qu'il est le fils préféré du roi des dieux, celui qui, sur son trône, domine le monde entier. On mentionne le palais qu'il a fait élever dans l'ôph du midi (la partie méridionale de Thèbes, Louqsor). Le titre de *bienfaisant* lui est donné dans l'inscription de droite qui ajoute : *Ton nom est aussi stable que le ciel ; la durée de ta vie est égale à la durée du disque solaire.* Sésostris porte, dans la *bannière* de l'inscription de *gauche*, le titre chéri de la déesse Tmé, et avec d'autres louanges très-ordinaires dans le protocole royal égyptien. Cette inscription proclame Rhamsès III l'engendré du roi des dieux pour prendre possession du monde entier. Les trois colonnes de cette face sont uniformément terminées par le cartouche nom propre du roi, *le fils du soleil* (chéri d'Amon-Rhamsès).

Face Est. — Côté des Tuileries.

La bannière et l'inscription de la colonne de *droite* proclament Sésostris l'Aroéris puissant, ami de la vérité ou justice (Tmé), roi modérateur, très-aimable comme Thmou, étant un chef né d'Amon, et son nom étant le plus illustre de tous. Sur la colonne de *gauche*, on lit dans la *bannière* : l'Aroéris, puissant fils d'Amon. *L'inscription* donne à Sésostris le titre de roi-directeur, mentionne ses ouvrages, et ajoute qu'il est grand par ses victoires, le fils préféré du soleil sur son trône, le roi (ses prénoms et nom propre), celui qui réjouit Thèbes, comme le firmament du ciel, par des ouvrages considérables pour toujours.

Face Nord. — Côté de la Madeleine.

La *bannière de la colonne de gauche* est remarquable par le grand nombre de signes qui composent sa légende ; elle signifie : « l'Aroéris puissant, grand des vainqueurs, combattant sur sa force. » *L'inscription* nomme Sésostris le seigneur des victoires, qui a dirigé la contrée entière et qui est très-aimable. Enfin, la bannière qui surmonte l'inscription de *droite* annonce que Sésostris est l'Aroéris fort, puissant dans les grandes assemblées civiles ou religieuses, l'ami du monde ; l'inscription ajoute qu'il est aussi le grand chef des rois comme Thmou, et que les chefs des habitans de la terre entière sont sous ses sandales.

TRIOMPHE DE M. LEBAS.

Du haut en bas,
Quand on regarde l'Obélisque,
Du haut en bas,
On n'a des yeux que pour Lebas.
Quelque jaloux peut-être bisque,
Moi je crois qu'on peut sans risque,
Chanter Lebas.

Le bas du Nil,
Jette sur les bords de la Seine,
Au bout d'un fil
L'Obélisque... Ah ! faut voir l'outil !
Des cités pour orner la reine
Qu'il a, vous le croyez sans peine,
Le bas... de fil !

C'était d'en bas
Que tirait notre artillerie,
Et ses grands bras,
A la vapeur ne rataient pas.
L'Obélisque en montant s'écrie :
—Qui donc me pousse avec furie ?
Ah ! c'est Lebas.

Que des fagots
L'on fera sur cet Obélisque !
Que de nigauds
N'y voudront voir que des magots !
Mais il en est un que sans risque,
Pourra comprendre une odalisque.
Pas de propos !

Dans un maillot,
Ce vieil enfant nous vient d'Egypte ;

Près de Chaillot,
Restera-t-il là comme un sot?
Faites, savans, tenir bien vite
Un monologue au monolithe,
Sinon, capot.

Du bas en haut,
Mettant en jeu bien des intrigues,
Du bas en haut,
L'ignorant sait monter d'un saut.
Par son génie et ses fatigues,
S'il monte c'est avec ses bigues
Le bas en haut.

LES FLEURS DE TOUT AGE.

AIR : *Des cinq Fleurs.*

Dans tous les âges de la vie,
Si nous éprouvons des malheurs,
Pour calmer la mélancolie,
Sur nos pas nous trouvons des fleurs.
La Nature, qui paraît nous sourire,
Pour mettre la joie entre nous,
En les offrant semble toujours nous dire :
    C'est à vous,
    Mortels, c'est à vous.   *ter.*

Par les épines, belles roses,
Vous avez beau vous garantir,
Sachez donc bien, à peines écloses,
Que l'on parvient à vous cueillir.
O vous à qui l'Amour dans un bel âge
Offrant les plaisirs les plus doux,
Pour triompher vous arme avec courage!
    C'est à vous,
    Amans, c'est à vous   *ter.*

Myrte charmant dont l'avantage
Est d'inspirer les jeux, les ris,
Tu nous donnes plus de courage
Pour fouler aux pieds les soucis ;
O vous ! bercés au sein de la tendresse,
Que l'amitié réunit tous,
Et de l'hymen goûtez la douce ivresse ;
C'est à vous, — Epoux, c'est à vous. *ter.*

Et vous, admirables pensées,
Qui semblez regarder les cieux,
Vos belles couleurs nuancées,
Charment notre esprit et nos yeux.
Vous que les ans font honorer sans cesse,
Pour nous préserver d'un courroux,
Vous nous dictez les loix de la sagesse ;
C'est à vous, — Vieillards, c'est à vous.

O toi ! lierre dont le feuillage
Adoucit notre affliction ;
Ton aspect nous offre l'image
De la plus parfaite union.
Vous qui savez soulager la misère,
Même jusque sous les verroux,
Et qui vivez dans un accord sincère ;
C'est à vous, — Amis, c'est à vous. *ter.*

Noble laurier digne d'envie,
Gage des plus brillans travaux ;
Un homme est fier toute sa vie
D'être ombragé par tes rameaux.
Vous dont le front toujours couvert de gloire
Avez du sort bravé les coups,
Et triomphé dans les champs de victoire ;
C'est à vous,
Guerriers, c'est à vous, *ter.*

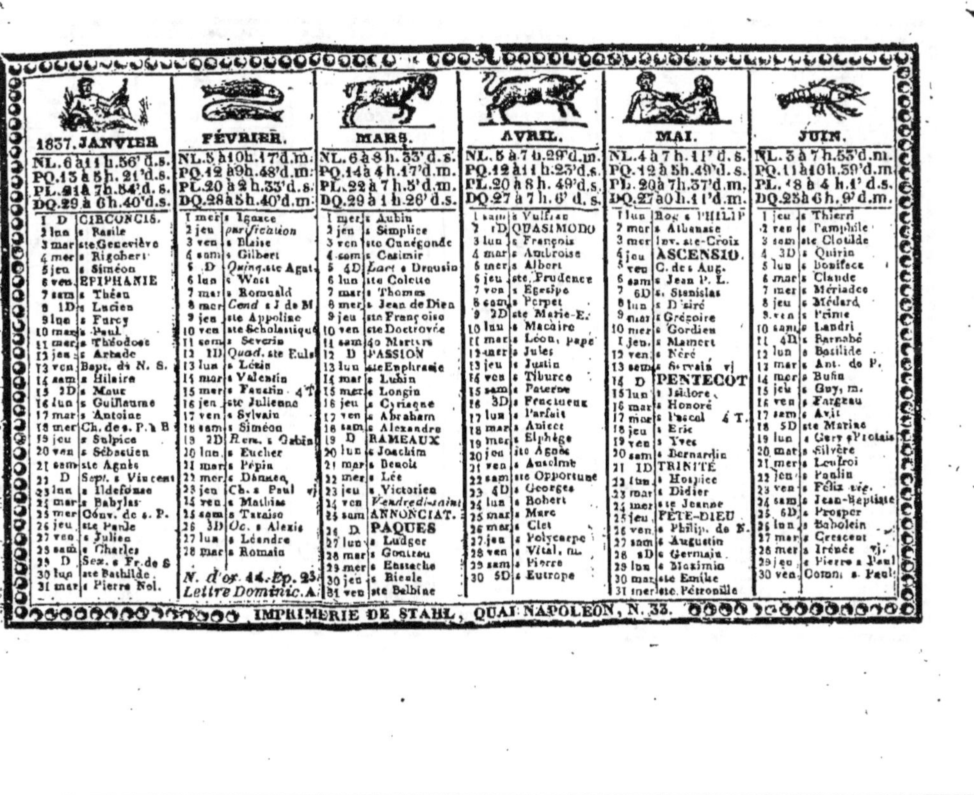

1837.

JANVIER
NL. 6 à 11 h. 56' d. s.
PQ. 13 à 5 h. 21' d. s.
PL. 21 à 7 h. 34' d. s.
DQ. 29 à 6 h. 40' d. s.

1	D	CIRCONCIS.
2	lun	s Basile
3	mar	ste Geneviève
4	mer	s Rigobert
5	jeu	s Siméon
6	ven	ÉPIPHANIE
7	sam	s Théau
8	1D	s Lucien
9	lun	s Furcy
10	mar	s Paul
11	mer	s Théodose
12	jeu	s Arcade
13	ven	Bapt. de N. S.
14	sam	s Hilaire
15	2D	s Maur
16	lun	s Guillaume
17	mar	s Antoine
18	mer	Ch. de s. P. à B
19	jeu	s Sulpice
20	ven	s Sébastien
21	sam	ste Agnès
22	D	Sept. s Vincent
23	lun	s Ildefonse
24	mar	s Babylas
25	mer	Conv. de s. P.
26	jeu	ste Paule
27	ven	s Julien
28	sam	s Charles
29	D	Sex. s Fr. de S
30	lun	ste Bathilde
31	mar	s Pierre Nol.

FÉVRIER
NL. 8 à 10 h. 17' d. m.
PQ. 12 à 9 h. 48' d. m.
PL. 20 à 2 h. 33' d. s.
DQ. 28 à 5 h. 40' d. m.

1	mer	s Ignace
2	jeu	purification
3	ven	s Blaise
4	sam	s Gilbert
5	D	Quinq. ste Agat.
6	lun	s Wast
7	mar	s Romuald
8	mer	Cend s J de M
9	jeu	ste Appoline
10	ven	ste Scholastique
11	sam	s Severin
12	1D	Quad. ste Euls
13	lun	s Lézin
14	mar	s Valentin
15	mer	s Faustin 4T
16	jeu	ste Julienne
17	ven	s Sylvain
18	sam	s Siméon
19	2D	Rem. s Gabin
20	lun	s Eucher
21	mar	s Pépin
22	mer	s Damase
23	jeu	Ch. s Paul vj
24	ven	s Mathias
25	sam	s Taraise
26	3D	Oc. s Alexis
27	lun	s Léandre
28	mar	s Romain

N. d'or 44. Ep. 23
Lettre Dominic. A.

MARS
NL. 6 à 8 h. 33' d. s.
PQ. 14 à 4 h. 17' d. m.
PL. 22 à 7 h. 5' d. m.
DQ. 29 à 1 h. 26' d. s.

1	mer	s Aubin
2	jeu	s Simplice
3	ven	ste Cunégonde
4	sam	s Casimir
5	4D	*Lact* s Drausin
6	lun	ste Colette
7	mar	s Thomas
8	mer	s Jean de Dieu
9	jeu	ste Françoise
10	ven	ste Doctrovée
11	sam	40 Martyrs
12	D	PASSION
13	lun	ste Euphrasie
14	mar	s Lubin
15	mer	s Longin
16	jeu	s Cyriaque
17	ven	s Abraham
18	sam	s Alexandre
19	D	RAMEAUX
20	lun	s Joachim
21	mar	s Benoît
22	mer	s Lée
23	jeu	s Victorien
24	ven	*Vendredi-saint*
25	sam	ANNONCIAT.
26	D	PAQUES
27	lun	s Ludger
28	mar	s Gontran
29	mer	s Eustache
30	jeu	s Rieule
31	ven	ste Balbine

AVRIL
NL. 5 à 7 h. 29' d. m.
PQ. 12 à 11 h. 25' d. s.
PL. 20 à 8 h. 49' d. s.
DQ. 27 à 7 h. 6' d. s.

1	sam	s Vulfran
2	1D	QUASIMODO
3	lun	s François
4	mar	s Ambroise
5	mer	s Albert
6	jeu	ste Prudence
7	ven	s Egesipe
8	sam	s Perpet
9	2D	ste Marie-E.
10	lun	s Macaire
11	mar	s Léon, pape
12	mer	s Jules
13	jeu	s Justin
14	ven	s Tiburce
15	sam	s Paterne
16	3D	s Fructueux
17	lun	s Parfait
18	mar	s Anicet
19	mer	s Elphège
20	jeu	ste Agnès
21	ven	s Anselme
22	sam	ste Opportune
23	4D	s Georges
24	lun	s Robert
25	mar	s Marc
26	mer	s Clet
27	jeu	s Polycarpe
28	ven	s Vital, m.
29	sam	s Pierre
30	5D	s Eutrope

MAI
NL. 4 à 7 h. 11' d. s.
PQ. 12 à 5 h. 49' d. s.
PL. 20 à 7 h. 37' d. m.
DQ. 27 à 0 h. 41' d. m.

1	lun	Rog s PHILIP
2	mar	s Athanase
3	mer	Inv. ste-Croix
4	jeu	ASCENSIO.
5	ven	C. de s Aug.
6	sam	s Jean P. L.
7	6D	s. Stanislas
8	lun	s Désiré
9	mar	s Grégoire
10	mer	s Gordien
11	jeu	s Mamert
12	ven	s Néré
13	sam	s Gervais vj
14	D	PENTECOT
15	lun	s Isidore
16	mar	s Honoré
17	mer	s Pascal 4T
18	jeu	s Eric
19	ven	s Yves
20	sam	s Bernardin
21	1D	TRINITÉ
22	lun	s Hospice
23	mar	s Didier
24	mer	ste Jeanne
25	jeu	FÊTE-DIEU
26	ven	s Philip. de N.
27	sam	s Augustin
28	sD	s Germain
29	lun	s Maximin
30	mar	ste Emile
31	mer	ste Pétronille

JUIN
NL. 3 à 7 h. 55' d. m.
PQ. 11 à 10 h. 59' d. m.
PL. 18 à 4 h. 1' d. s.
DQ. 25 à 6 h. 9' d. m.

1	jeu	s Thierri
2	ven	s Pamphile
3	sam	ste Clotilde
4	3D	s Quirin
5	lun	s Boniface
6	mar	s Claude
7	mer	s Mériadec
8	jeu	s Médard
9	ven	s Prime
10	sam	s Landri
11	4D	s Barnabé
12	lun	s Basilide
13	mar	s Ant. de P.
14	mer	s Bufin
15	jeu	s Guy, m.
16	ven	s Fargeau
17	sam	s Avit
18	5D	ste Marine
19	lun	s Gerv s Protais
20	mar	s Silvère
21	mer	s Leufroi
22	jeu	s Paulin
23	ven	s Félix vig.
24	sam	s Jean-Baptiste
25	6D	s Prosper
26	lun	s Babolein
27	mar	s Crescent
28	mer	s Irénée vj.
29	jeu	s Pierre s Paul
30	ven	Comm. s. Paul

	JUILLET.			AOUT.			SEPTEMBRE.			OCTOBRE.			NOVEMBRE.			DÉCEMBRE.	
1857.		NL. 2 à 9 h. 39' d.s.			NL. 1 à 0 h. 29' d.s.			PQ. 7 à 11 h. 24' d.s.			PQ. 7 à 7 h. 22' d. m.			PQ. 5 à 2 h. 33' d. s.			PQ. 4 à 10 h. 2' d. s.
		PQ. 11 à 1 h. 19' d.m.			PQ. 9 à 1 h. 51' d.s.			PL. 14 à 1 h. 57' d.s.			PL. 13 à 11 h. 24' d. s.			PL. 12 à 11 h. 39' d.m.			PL. 12 à 2 h. 27' d.m.
		PL. 17 à 11 h. 0' d.s.			PL. 16 à 5 h. 48' d.m.			DQ. 21 à 4 h. 4' du s.			DQ. 21 à 10 h. 5' d.m.			DQ. 20 à 6 h. 44' d.m.			DQ. 20 à 4 h. 27' d.m.
		DQ. 24 à 2 h. 16' d.s.			DQ. le 23, NL. le 31.			NL. 29 à 8 h. 12' d.s.			NL. 29 à 11 h. 42' d.m.			NL. 28 à 2 h. 0' d.m.			NL. 27 à 2 h. 43' d.s

JUILLET		AOUT		SEPTEMBRE		OCTOBRE		NOVEMBRE		DÉCEMBRE	
1 sam s Martial	1 mar s Pierre-ès-Let	1 ven s Leu s Gilles	1 20D s Remi, év.	1 mer TOUSSAINT.	1 ven s Eloi
2 7D Visit. de la V.	2 mer s Etienne	2 sam s Lazare	2 lun ss Anges-Gard.	2 jeu Les Morts	2 sam s Franç Xavier
3 lun s Anatole	3 jeu Inv. de s Et.	3 16D s Grégoire	3 mar s Cyprien	3 ven s Marcel	3 1D AVENT.
4 mar Tr. de Mart.	4 ven s Dominique	4 lun ste Rosalie	4 mer s Fr. d'Assise	4 sam s Charles	4 lun ste Barbe
5 mer ste Zoé, m.	5 sam s Yon, m.	5 mar s Bertin	5 jeu s Aure, v.	5 25D ste Bertilde	5 mar s Sabas
6 jeu s Tranquille	6 12D Tr. de N. S.	6 mer s Onésipe	6 ven s Bruno	6 lun s Léonard	6 mer s Nicolas
7 ven ste Anbierge	7 lun s Gaëtan	7 jeu s Cloud	7 sam ste Serge s B.	7 mar s Wilbrod	7 jeu ste Fare, v.
8 sam ste Priscille	8 mar s Justin	8 ven Nativ. de la V.	8 21D ste Thais	8 mer stes Reliques	8 ven CONCEPTION
9 6D ste Victoire	9 mer s Spire, vg.	9 sam s Omer, év.	9 lun s Denis, év.	9 jeu s Matharin	9 sam ste Léocade
10 lun ste Félicité	10 jeu s Laurent	10 17D ste Pulcher	10 mar s Géréon	10 ven s Léon	10 2D ste Valère
11 mar Tr. de s Ben.	11 ven Susc ste Croix	11 lun s Patient	11 mer ss Nic et Gomer	11 sam s Martin	11 lun s Fuscien
12 mer s Gualbert	12 sam ste Claire	12 mar s Serdot	12 jeu s Vilfride	12 26D s Réné, év.	12 mar s Damas
13 jeu ste Brigitte	13 13D s Hippolyte	13 mer s Maurille	13 ven s Géraud	13 lun s Brice	13 mer ste Luce
14 ven s Bonaventure	14 lun s Eusèbe, m-j.	14 jeu Exalt Ste Croix	14 sam s Calisto	14 mar s Maclou	14 jeu s Nicaise,
15 sam s Henri	15 mar ASSOMPTI.	15 ven s Nicomède	15 22D ste Thérèse	15 mer s Eugène	15 ven s Mesmin
16 3D N. D. M C.	16 mer s Roch	16 sam s Cyprien	16 lun s Gal	16 jeu s Eucher	16 sam ste Adélaïde
17 lun ste Marcel	17 jeu s Mamès	17 18D s Lambert	17 mar s Avoye	17 ven s Agnan	17 3D ste Olympe
18 mar s Clair, év.	18 ven ste Hélène	18 lun s Jean-Chrysos	18 mer s Luc, év.	18 sam ste Aude	18 lun s Gatien
19 mer s Vincent de P.	19 sam s Louis, év.	19 mar s Janvier	19 jeu s Savinien	19 27D ste Elisabeth	19 mar ste Menris
20 jeu ste Marguerite	20 1;D s Bernard	20 mer s Eustache 4 t.	20 ven s Sendou	20 lun s Edmon	20 mer s Philog V. 4T
21 ven s Victor, m.	21 lun s Privat	21 jeu s Mathieu	21 sam ste Ursule	21 mar Présen. de la V.	21 jeu s Thomas, ap.
22 sam ste Madeleine	22 mar s Simphorien	22 ven s Maurice	22 23D s Mellon	22 mer ste Cécile	22 ven s Honoré
23 40D s Appollinaire	23 mer s Sidoine vj.	23 sam ste Thècle	23 lun s Hilarion	23 jeu s Clément	23 sam ste Victoire vj.
24 lun ste Christ. vg.	24 jeu s Barthélemi	24 19D s Andoche	24 mar s Magloire	24 ven ste Flore, v.	24 4D s Yves
25 mar s Jacq. s. Chris.	25 ven s Louis, roi	25 lun s Firmin	25 mer s Crépin s Cré	25 sam ste Catherine	25 lun NOEL.
26 mer Tr. de s. Marc.	26 sam s Zéphir	26 mar ste Justine	26 jeu s Rustique	26 28D ste Gen. des A.	26 mar s Etienne
27 jeu s Pantaléon	27 15D s Césaire	27 mer s Côme s Dam	27 ven s Frumence vj	27 lun s Maxime	27 mer s Jean, ap.
28 ven ste Anne	28 lun s Augustin	28 jeu s Céran	28 sam s Sim. s Jude	28 mar s Sosthène	28 jeu ss Innocens.
29 sam ste Marthe	29 mar Déc. de s J. B.	29 ven s Michel	29 24D s Faron, év.	29 mer s Saturnin vj	29 ven s Thom de C.
30 11D s Abdon	30 mer s Fiacre	30 sam s Jérôme	30 lun s Lucain	30 jeu s André	30 sam ste Colombe
31 lun s Germain	31 jeu s Ovide		31 mar s Quentin vj		31 D s Sylvestre

IMPRIMERIE DE STAHL, QUAI NAPOLÉON, N. 35.